$\frac{27}{L}$ n. 20253.

Extrait des lectures faites à la Séance publique annuelle tenue, en 1831, par la Société d'Agriculture, Sciences, Arts et Belles-Lettres du Département de l'Aube, sous la présidence de M. le Baron De St.-Didier, Préfet de ce Département.

NOTICES

NÉCROLOGIQUES

sur

MM. Louis VERNIER et RECOING DE LA ROCATELLE,

MEMBRES DE LA SOCIÉTÉ D'AGRICULTURE DE L'AUBE,

PAR M. BÉDOR, Docteur-Médecin,

Membre résidant.

MESSIEURS,

LE temps, qui, chaque jour, accorde quelques fruits utiles aux travaux des hommes soigneux de le mettre à profit, le temps amène aussi, chaque jour, quelque nouvelle perte à déplorer.

Il ne nous a épargnés, ni cette année, ni l'autre, Messieurs, et les coups redoublés de sa faux meurtrière ont frappé dans nos rangs, et moissonné, avant l'âge, deux collaborateurs dont le précieux secours semblait acquis pour plus long-temps aux travaux qui nous réunissent.

Interprète des regrets dont vous honorez leur mémoire, ma faible voix ne peut, sans doute, que rester fort au-dessous de la tâche qui lui est confiée.

Aussi, avant d'entreprendre de m'en acquitter, céderai-je au besoin que je ressens de ne pas vous laisser oublier que le spirituel Collègue dont l'habileté oratoire, éprouvée avec tant d'éclat dans l'art du panégyrique, en présence de la première compagnie littéraire de France, eût si brillamment changé en une éloquente apologie mon simple et bref exposé des faits qui honorent la mémoire des savans hommes de bien que nous regrettons, n'a pu, pour aujourd'hui, ajouter ce nouveau labeur aux travaux étendus, pressans et multipliés de ses fonctions de Secrétaire.

Je vais donc avoir à vous rappeler, Messieurs, dans l'honorable collaborateur qui nous fut le premier ravi, l'homme doué d'une solide instruction, qui l'appliqua, pendant les plus belles années de sa jeunesse, à la science des guerriers, dans l'arme savante de l'artillerie, et qui s'est plu ensuite à diriger, dans son âge mur, vers l'intérêt le mieux compris des travaux agricoles, cette même instruction et la pensée dominante de son esprit exact et judicieux.

Dans le second Collègue enlevé aux études philanthropiques dont il aimait à enrichir nos Mémoires trimestriels, j'aurai à évoquer le souvenir du pieux philosophe et du savant, modeste autant que laborieux, dont les jours s'écoulèrent dans la pratique

des vertus les plus douces, et qui, durablement
ému de la plus tendre compassion, devint l'infati-
gable et zélé bienfaiteur d'une classe d'infirmes entre lesquels il avait le malheur de compter son
unique fils.

M. Louis Vernier était né à Troyes, en 1778,
le 3 de février, et avait fait dans cette ville ses premières études.

Adolescent à cette époque de l'histoire contempo-
raine où les dangers qui menaçaient la patrie, et
le besoin de se dévouer pour elle, étaient l'idée qui
dominait en France toutes les autres idées, notre
Collègue, partageant cet élan généreux, manifesta
de bonne heure un penchant prononcé pour l'état
militaire.

Sa famille, loin de contrarier cette noble incli-
nation, dirigea ses études dans le sens le plus
propre à la favoriser.

Pour mieux lui assurer ensuite les moyens de
n'entrer dans cette carrière que muni des connaissances capables de la lui faire parcourir avec succès, il fut admis à l'Ecole d'artillerie de Châlons,
et s'y rendit en 1797, ou, comme on le disait
alors, en l'an V.

Les heureuses dispositions dont il se montra doué,
fécondées par les études préparatoires auxquelles
il s'était livré avant d'entrer dans cette Ecole, et
son application à en suivre l'enseignement spécial,
le mirent en état d'en sortir dès l'année suivante

pourvu d'une commission de second lieutenant d'artillerie.

Il partit en cette qualité pour l'armée du Rhin, où ses services tardèrent peu à lui valoir sa promotion au grade de lieutenant en premier dans l'arme qu'il avait adoptée.

Sans penser devoir retracer ici aucun détail des faits d'armes auxquels notre Collègue, M. Louis Vernier, avait pris une glorieuse part, sans songer même à les énumérer tous, nous ne saurions, toutefois, omettre entièrement de citer, ni l'immortelle et si promptement décisive campagne d'Austerlitz, dans laquelle il fut élevé au grade de capitaine, et où il appartenait au corps d'armée de cet heureux soldat français que le Roi de Suède a depuis adopté pour lui donner son trône ; ni ce brillant anniversaire de la journée de Marengo, la bataille non moins décisive de Friedland, à la suite de laquelle M. le capitaine Vernier fut décoré de la croix de la Légion d'honneur ; ni enfin les dangers renaissans à chaque pas qu'affronta de nouveau son courage, en Espagne, où il fut envoyé, à la paix de Tilsitt, comme capitaine d'état-major du brave général d'artillerie Sénarmont, que la mort des héros attendait devant Cadix.

Cependant, les fatigues d'une guerre aussi active que celle des douze premières années de ce siècle avaient trop profondément altéré sa santé pour lui permettre de les supporter davantage. Il se vit donc dans la nécessité de prendre sa retraite, qui lui fut donnée en 1812.

Rentré au sein de ses foyers, fixé dans sa ville natale, où il se maria bientôt, et investi par ses concitoyens de toute la considération que donnent des talens acquis et des services distingués dans une arme aussi savante que l'artillerie, M. le capitaine Vernier s'occupa, désormais, de changer la direction des connaissances positives qu'il avait appliquées jusqu'alors aux travaux de la guerre, pour les reporter sur l'agriculture, cette bienfaisante amie de la paix, qui fonde le bonheur et la richesse des Etats dont les succès guerriers ont cimenté la gloire.

Après les problêmes si différens que jusqu'alors il s'était appliqué à résoudre, il ne rechercha donc plus que la solution d'un seul. C'est celui qui a pour objet les moyens d'accroître, autant qu'il est au pouvoir de l'homme de le faire, les productions que la terre accorde aux efforts de ceux qui la cultivent avec discernement.

Tous les arts libéraux avaient d'ailleurs pour lui un charme que le temps n'affaiblissait nullement.

Sa place était ainsi comme marquée à l'avance parmi nous, quand il fut appelé à venir l'occuper en recevant le titre de membre résidant.

Assidu à nos réunions autant qu'il le pouvait, mais cependant par fois absent, quand l'urgence de diriger par lui-même ou surveiller de ses propres yeux les travaux qu'il faisait exécuter dans ses champs y réclamait impérieusement sa présence, on ne l'en nommait pas moins membre des Commissions formées pour s'occuper des recherches qui avaient trait aux travaux agricoles.

Notre Collègue ne se dispensait jamais de cette coopération confiée à ses lumières, et c'était au contraire toujours avec empressement qu'il consentait à l'accepter.

Soit dans le sein de ces Commissions, soit en assistant aux séances ordinaires ou extraordinaires de la Société d'Agriculture, il se plaisait à en éclairer les discussions par quelques rapprochemens établis entre les faits discutés, le souvenir de ce que ses voyages sous nos drapeaux victorieux lui avaient permis d'apprendre chez l'étranger, et les fruits de son expérience personnelle fortifiée chaque jour par l'exploitation qu'il s'était réservée d'une partie de ses propriétés rurales.

Les terres et bâtimens qui entraient dans cette exploitation étant peu éloignés de notre ville, M. Louis Vernier visitait fréquemment ce champêtre séjour et l'habitait même de temps en temps.

Il y reconnaisait, en en fournissant lui-même une vivante preuve, toute la vérité de ce que nous a si justement rappelé son digne frère, notre honorable Collègue, alors et plusieurs autres fois élu Président annuel de la Société, que : « La présence » de l'homme riche à la campagne répand autour de lui l'instruction et l'aisance, et que ses jouis-

» sancés augmentent en raison des heureux qu'il
» a faits. »

Ce bonheur, cependant, comme tout autre
bonheur, qu'est-il sans la santé ? Celle de notre
Collègue, qui ne s'était à vrai dire qu'incomplète-
ment raffermie, se remontrait chancelante. Elle
apportait même, de mois en mois, des obstacles
plus fréquens à ce qu'il se rendît à nos séances avec
l'assiduité qu'il y avait mise d'abord. .

Profondément attristé par l'affaiblissement gra-
duel de sa vue, qu'il redoutait avec raison de
perdre bientôt entièrement, nous le vîmes languir
et décliner comme affaissé sous le poids de cette
désolante prévision.

Rien ne semblait pourtant encore menacer pro-
chainement ses jours.

Sa famille, ses amis, s'efforçaient constamment
de le ramener à plus de confiance qu'ils n'osaient
eux-mêmes en concevoir dans sa prompte guérison.

Prompte en effet, mais, hélas ! déplorablement ;
cette funeste guérison ne fut que celle de la tombe.

Le 4 juin 1830, inopinément foudroyé par une
subite rupture du cœur, sa noble âme s'exhala,
sans qu'il pût davantage s'être senti mourir, que
s'il fût tombé transpercé par l'un des milliers de
boulets qui semblèrent, en d'autre temps, avoir
comme oublié de l'atteindre.

(8)

M. Jean-Baptiste-Antoine Recoing naquit en
1770, le 4 mai, dans une campagne voisine de la
ville de Joigny, dont son père, ancien capitaine de
cavalerie et chevalier de Saint-Louis, était gouver-
neur.

Il fit ses humanités à Lyon, au collége de l'Oratoire. S'y étant bientôt distingué par les inclinations
vertueuses qu'il montra de bonne heure, autant que
par les succès littéraires qu'il obtint, ses profes-
seurs voulurent l'avoir pour confrère de leur savante
compagnie dont, membre à dix-huit ans, il fit
partie jusqu'à l'époque de sa dissolution.

Atteint par la première réquisition, et enrégi-
menté simple soldat, il en avait fait le service plusieurs mois quand il fut admis comme élève à l'E-
cole polytechique.

Ayant suivi les cours de cette célèbre Ecole avec
autant de succès que ses premières études, il en
sortit pourvu du titre d'ingénieur ordinaire et se
rendit à Sens pour y en exercer les fonctions.

C'était vers les temps orageux de la première ré-
volution française, époque de désordres et de vio-
lences qui ne pouvaient être que bien antipathiques
avec les inclinations douces, la bienveillance na-
turelle, et la constante aménité de notre jeune
ingénieur.

Ces qualités, à quelque degré qu'il les possédât,
n'ôtaient rien, toutefois, ni à la fermeté de caractère, ni au noble courage dont il donna plus d'une
preuve en sa vie.

C'est ainsi que , si l'on demande un jour par quelles mains bienfaisantes à cette époque d'affreux bouleversemens où le marteau démolisseur d'un vandalisme aveugle et brutal s'efforçait de faire disparaître ou de rendre au moins méconnaissable, en France , tout ce qui présentait un caractère imposant et monumental, par quelles mains, disons-nous , put être préservée d'une complète destruction la belle cathédrale de Sens ; il faut qu'on lise dans nos fastes , et il nous est doux de devoir cet hommage à la mémoire de notre Collègue M. Recoing , que, sans la résistance hardie qu'il osa opposer à une résolution déjà prise par le redoutable et inique tribunal révolutionnaire , c'en était fait de ce beau monument d'architecture religieuse.

M. Recoing n'avait occupé que deux ans sa place d'ingénieur, quand , bien qu'il n'eût pas de fortune, il se crut obligé d'y renoncer plutôt que de subir la condition au prix de laquelle il pouvait la conserver.

Tous ceux qui ont connu notre vertueux Collègue sauront dire jusqu'à quel point , toujours indulgent envers les autres et sévère à lui-même , il portait son respect pour la sainteté d'un serment.

Quelque danger qu'il pût courir à ne pas vouloir faire, contre sa façon de juger et de sentir, celui de haine à la royauté que l'on en était venu à exiger de tous les fonctionnaires, il refusa ce serment et préféra donner sa démission.

Cependant, il n'en était pas alors d'une démission par refus d'un serment demandé comme on sait qu'il en est sous le généreux système de vraie tolérance et de paix qui régit aujourd'hui notre belle patrie.

Les sanguinaires dominateurs de ces temps difficiles, heureusement bien loin de nous, comptaient et poursuivaient à mort, comme d'implacables ennemis, tous ceux, et même les plus inoffensifs, qui ne se montraient pas hautement leurs amis.

Il est sans doute pénible, en parcourant la vie d'un homme aussi vertueux et bon que l'était notre Collègue, d'avoir à le montrer proscrit, de dire qu'il fut réduit à se cacher comme un criminel, pour n'avoir pas voulu trahir sa conscience.

Tel fut pourtant le sort sous le poids duquel il demeura depuis les funestes années dont nous rappelons à regret le malheur jusque vers celle qui ouvrit le siècle présent.

Retiré pendant tout ce temps au fond d'une campagne, il y fit l'éducation des enfans d'une famille amie de la sienne, éducation à laquelle il adjoignit celle du plus jeune de ses frères.

Sorti de cette retraite en 1800, il obtint, quoiqu'il fût sans bien, et dut à la haute estime que l'on portait à ses vertus et à son mérite, la main d'une épouse riche, en même temps que digne de lui en tout point, et dont la société fit le charme de son existence.

Assez de gens ont la passion de s'offrir en toute

occasion aux regards de la multitude ; il n'aimait, lui, qu'à s'y soustraire.

Aussi fuyant, comme trop opposé à ses goûts, le tumulte des villes, et s'estimant heureux de pouvoir céder à son penchant pour la retraite, il vécut retiré dans sa campagne de la Rocatelle, sur la Commune de Rumilly-les-Vaudes.

Aimant, dans ce séjour paisible, à mûrir ses pensées, avant de songer à les répandre, il y eût volontiers encouru des reproches tout contraires à ceux auxquels s'exposent tant d'écrivains qui pullulent dans la Capitale, où ils semblent jeter instantanément sur le papier tout ce qui s'offre à leur esprit léger, et le livrer soudain à l'impression, sans prendre même la peine de le relire.

Pour lui, sans cesse livré, dans sa retraite champêtre, à son penchant pour la méditation, et toujours agitant avec lui-même, dans le silence et sans contrainte, quelque question de haute morale et d'utilité publique : tous ses travaux avaient constamment pour objet de répandre quelque bien, d'adoucir quelque peine.

C'en fut, sans doute, une bien amère pour lui que celle qui succéda, dans son cœur, à la joie d'être père, quand il reconnut que le fils, dont la naissance le rendait si heureux, ne lui était donné que privé à jamais de l'ouïe et de la parole.

Aussitôt qu'il en eut acquis la triste certitude, il prit et commença d'accomplir la généreuse résolution de s'attacher désormais, par un continuel effort de son esprit, et en en faisant l'occupation de tous ses jours, au perfectionnement de l'éducation particulière des sourds-muets.

Toutes les productions connues de M. Recoing, en effet, si on en excepte sa *Dissertation sur les Puits artésiens*, et sa *Méthode pour apprendre à lire*, beaucoup plus simple que celle consacrée depuis long-temps par la routine, ont été dirigées vers ce but spécial.

Vous connaissez trop bien et son *Syllabaire dactylologique*, imprimé en 1823, et son *nouvel essaï de Sténographie*, mis au jour en 1826, et enfin l'important ouvrage intitulé : *le Sourd-muet entendant par les yeux*, dont la publication est de 1829, pour que je puisse avoir besoin, j'ai presque dit pour qu'il me soit permis d'en faire devant vous l'analyse.

Je ne pourrais en effet redire, et pas à beaucoup près aussi bien que ce qu'en a consigné dans un élégant rapport, écrit comme tout ce qu'il écrit, notre honorable Collègue M. Astruc.

Je ne m'arrêterai donc pas sur ce chef-d'œuvre de méditation profonde et de patience opiniâtre à la faveur duquel il était parvenu à établir toutes les communications intellectuelles possibles entre le maître et son élève sourd-muet, en y employant, tour-à-tour, et les signes qu'il figurait avec ses doigts, et les caractères abréviatifs de l'écriture qu'il traçait sur le papier ou sur une ardoise, et l'articulation des syllabes rendue perceptible à la vue par le mouvement des lèvres ; mais en s'abstenant, le plus ordinairement, du langage mimique naturel, qu'il avait reconnu l'écarter souvent de son but, en paraissant l'en rapprocher.

M. Recoing, accompagné de son fils le sourd-muet, fit un voyage à Paris. Il ne manqua pas d'y avoir, avec les maîtres et les élèves de la célèbre institution fondée par l'abbé de l'Epée, d'intéressantes conférences. Elles donnèrent même une si haute idée du mérite de notre Collègue, qu'il lui fut offert d'occuper la place de l'illustre abbé Sicard, dont la mort venait de jeter le deuil dans cette institution. Mais, M. Recoing n'accepta pas cette importante mission, qui l'eût rendu célèbre au sein de la première Capitale du monde, et dont il était pourtant bien digne à tous égards.

Comment l'accepter, en effet ? Ne l'eût-elle donc pas forcé d'abandonner la solitude champêtre à laquelle il s'était, pour ainsi dire, identifié ?

La modestie, qu'on peut croire chez bien d'autres un calcul de l'amour-propre, était tellement sincère chez notre Collègue M. Recoing, que le voile d'un honorable anonyme, sous lequel il se plaisait à livrer au public le fruit de ses travaux, ayant été soulevé par moi, dans une analyse de son grand ouvrage sur le sourd-muet : tout en me remerciant vivement du compte que j'avais rendu de ce livre, il me laissa voir qu'il eût bien préféré que le nom de l'auteur fût resté un mystère, dans ce compte rendu, comme au frontispice de l'écrit qu'il avait pour objet.

La renommée de ses bienfaisans travaux , qui s'étendait au loin , malgré le mystère qu'il faisait de son nom dans ses publications, lui amena toutefois, au fond de sa retraite, des visites aussi flatteuses qu'inattendues.

Ce fut ainsi que M. l'abbé Jamet, chef d'une institution de sourds-muets établie dans la ville de Caen, et depuis recteur de l'Académie de cette même ville, ayant pris lecture, après en avoir vu dans les journaux l'annonce et un extrait, du principal ouvrage de M. Recoing, et, sachant uniquement que l'auteur de ce travail était père d'un sourd-muet, et habitait aux environs de Troyes, s'empressa d'en faire le voyage.

Arrivé dans notre cité, il n'y eut aucune peine à se faire indiquer la demeure du sage qu'il souhaitait connaître.

S'étant aussitôt rendu à la Rocatelle, il y passa quelques jours, qui furent consacrés à conférer avec notre Collègue, et en partit on ne saurait plus satisfait du succès de sa visite.

Fréquemment consulté, dans sa retraite, par les cultivateurs des environs, auxquels il aimait à communiquer des faits capables de les intéresser, extraits des publications de la Société d'Agriculture de Paris , dont il était membre correspondant, ou des Mémoires de celle de Troyes , M. Recoing a notablement contribué au perfectionnement des travaux agricoles dans cette contrée.

Il y vivait chéri de tout ce qui l'entourait, et se

partageant entre la pratique de toutes les vertus qu'une belle âme peut emprunter aux sources augustes du christianisme, et les soins que réclamait l'éducation de ses enfans, ainsi que celle de deux de ses neveux, qu'il avait pris chez lui, quand sa santé se dérangea.

Bientôt ce dérangement, qui paraissait d'abord léger, offrit les caractères d'une maladie mortelle, et le dernier sommeil vint, le 17 avril de la présente année, s'appesantir sur les paupières de cet homme de bien dont on peut dire, avec toute vérité, qu'il était impossible de le connaître sans l'aimer, et que chacune des actions de sa vie, ou des productions de son esprit, ajouta quelque nouvelle preuve à toutes celles qu'il avait déjà données de l'excellence de son cœur.

A TROYES, DE L'IMPRIMERIE DE SAINTON, FILS.